I RICAMI DEL CUORE

Immagini, frammenti a punto croce

Poesie o pensieri intimi in libertà?
by
Anna Maria Cherchi
Cagliari 2012

Per scrivere in prosa bisogna avere assolutamente qualcosa da dire. Per scrivere in versi non è indispensabile.
Louise-Victorine Ackermann Choquet, *Pensieri di una solitaria*, 1882

Ogni poesia è misteriosa; nessuno sa interamente cosa gli è stato concesso di scrivere.
Jorge Luis Borges, *Obra poética*, 1923/76 (prologo)

"Che differenza c'è fra poesia e prosa?" "La poesia dice troppo in pochissimo tempo, la prosa dice poco e ci mette un bel po'."
Charles Bukowski, *Storie di ordinaria follia*, 1972

Prosa = parole nel miglior ordine possibile; poesia = le migliori parole possibili nel miglior ordine possibile.
Samuel Taylor Coleridge, *Table Talk*, 1827

La poesia è la ragione messa in musica.
Francesco De Sanctis, *Saggi critici*, 1866

La vera poesia può comunicare anche prima di essere capita.
Thomas Stearns Eliot, *Dante*, 1929

La poesia è una scienza esatta, come la geometria.
Gustave Flaubert, *Lettere a Louise Colet*, 1846/55

Un tempo si credeva che lo zucchero si estraesse solo dalla canna da zucchero, ora se ne estrae quasi da ogni cosa; lo stesso per la poesia, estraiamola da dove vogliamo, perché è dappertutto.
Gustave Flaubert, *Corrispondenza*, 1830/80 (postumo)

La poesia è un modo di prendere la vita alla gola.
Robert Frost, *Comment*

Ciò che non rapisce non può essere poesia.
Joseph Joubert, *Pensieri*, 1838 (postumo)

Poesia è malattia.
Franz Kafka, *Conversazioni con Gustav Janouch, 1953*

Se la poesia non nasce con la stessa naturalezza delle foglie sugli alberi, è meglio che non nasca neppure.
John Keats, *Lettera a John Taylor*, 1818

La poesia non dà da mangiare, forse, ma è il miglior cibo per l'anima.
Lucio Salis

Io, Anna Maria

Sono nata a Villamassargia, il 24 settembre del 1941.

Città di adozione Oristano, dove ho vissuto i primi ventiquattro anni della mia vita.

Sposata con Nello Murtas dal 1964, ho sei figli e sei nipoti, sono bisnonna.

Quasi priva di istruzione scolastica, devo quello che ho appreso alla mia curiosità e alla mia fame di scoprire il mondo.

Sono stata un dirigente ad alto livello (segretaria del Consiglio Nazionale) per venticinque anni, quando il P.S.D'Az era guidato da persone di fede e non da sardisti per caso. Oggi piango il suo destino.

Condivido pensieri che, archiviati nel cuore, ogni tanto visito, salgono alla mente e poi scivolano nelle mani per essere trascritti. Personalmente non credo valgano tanto, io non posso essere definita una poetessa, ma solo una persona che ha ricevuto tantissimo e ora vorrebbe che altri prendessero un po'... delle cose che mi sono state regalate.

annamaria.cherchi@libero.it

https://www.facebook.com/annamaria.cherchi?fref=ts

I RICAMI DEL CUORE

di **Anna Maria Cherchi**

Mi è molto piaciuto leggere questi pensieri della mia vecchia amica Anna Maria, una donna splendida e speciale che ha affrontato la vita a testa alta e faccia contro il vento. Sempre.
Ricordo le battaglie civili che facemmo nei primi anni settanta e rimpiango la passione che permeava tutte le nostre azioni. Oggi non vedo più queste cose in troppi giovani e in troppi sardi.

Ricordo di quando, qualche volta, mi portava da mangiare e da bere alla radio, dato che non avevo nemmeno il tempo di staccare per andare a pranzo. Parlo di quando stavo facendo nascere Radiolina e poi dei periodi pionieristici e trionfali di Radio 24 ore.

Ero amico anche del suo adorato Nello, altra persona speciale. Tanto speciale che Qualcuno se lo è portato via per tenerlo accanto a sé per sempre.

Lucio Salis

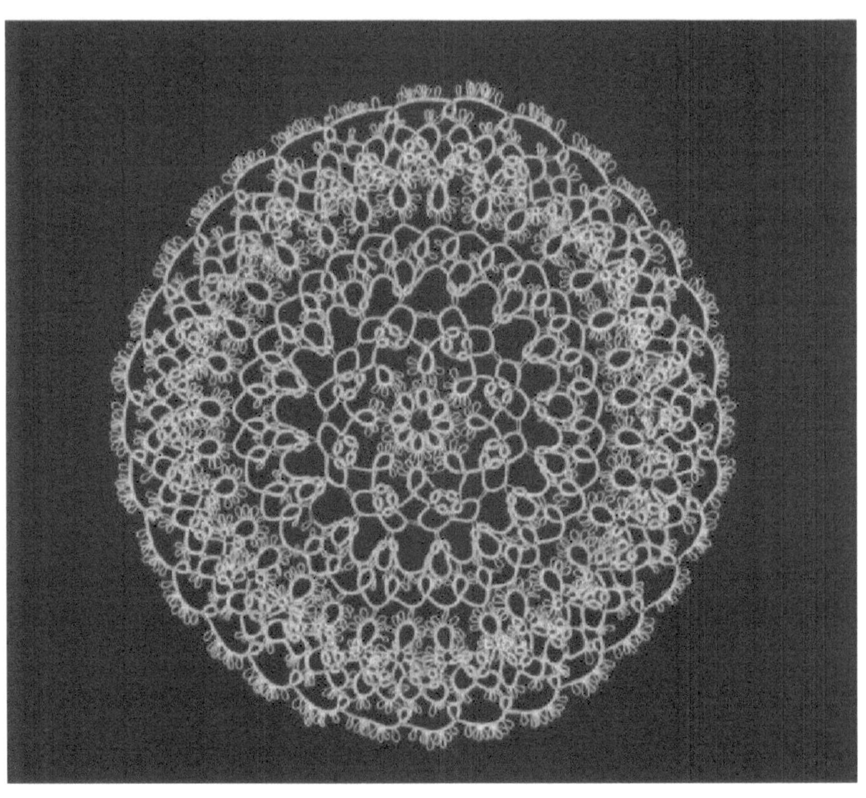

CAGLIARI

Nel silenzio di un'alba
variopinta
la brina sui bastioni
adorna i fiori,
e rende armoniosa
la mia vita.
Tempo di vendemmia,
grappoli di Nuragus
da trasformare in vini
riempiono le cantine,
e a Monte Claro
i cigni aspettano i poeti
che la sera prima
declamavano poesie.
Sorgi su sette colli come Roma
ma tu t'affacci sul mare,
torri pisane come sentinelle,
i fenicotteri che volano
tra Santa Igia e Bella Rosa Minore.
Adorni la Marina

quando un antico veliero
attracca al molo.
ma la felicità più bella
è il ritorno
dei figli che hai visto emigrare.

TERRA

Nel giardino
dov'era
un bel ginepro,
ho posato le mie mani.
Terra pura e
sorprendente,
germini pensieri
che nutrono il cuore,
dai vita
e sepoltura,
da cui non fuggirai.
Mi avvolgerai
come fuoco
senza fiamma
mi trasformerai
in cenere
per poter fiorire.

NON CHIEDERO' NULLA

Se mi ritrovassi nel deserto
Sconfitta
non chiederei nulla …
neanche una carezza al vento.
lascerei che a piangere
fossero le nuvole,
e l' oscurità nel cuore
diventerebbe azzurra.
Le mie rose
continuerebbero a fiorire
in compagnia di volteggi di farfalle,
so che ci sei …
continuerei ad aspettarti!
Non trasformerei
i giorni che mi restano,
in acqua che fugge
in mille lacrime d' argento, la
musica di un pianoforte
tesserebbe a fili d'oro
le mie ultime speranze..
anche il deserto
potrebbe fiorire.

NASCONDERSI

Chi ti ama
non può chiamarti amore,
voli libero
senza reti né barriere,
libero dal nulla.

Ricordi
I petali che ornavano
una rosa,
che il vento trasporta
dove vuole,
petali resi aridi dal vento
senza perdere profumo né
colore.

Anche tu ti fermerai
vedrai il nido,
lo stesso che vedevi,
quando libero volavi,
ora vorresti tornare
da chi ti amava,

senza possederti.
I petali …
il vento li ha portati via.

SONNECCHIANDO

Posarsi
sull' anima,
che stilla miele,
come gocce di rugiada
sulla rosa…
All'alba,
il vento scompone
i capelli dove affondi la
tua mano.
Tra il dormi veglia,
hai voglia di sognare.

Voli alla sorgente
acqua fresca che
sgorga..
In un paradiso
lussureggiante di fiori.
tra papaveri
e voli d farfalle.

La luce, tra le fessure
dice che è giorno,
spalanco la finestra,

un piccolo geco
scappa col rumore,
anche quest'anno niente
zanzare …

MAMMA

Che regalo immaginare
la prima volta
che mi hai dato
il primo bacio,
la prima carezza,
l'istante che
mi hai stretta al seno …
Rivedo il tuo sguardo
colmo d'amore
quando nutrivi
l'anima e il mio corpo.
Sento il tuo profumo
sulla pelle,
che il tempo
non può far svanire!

LUNA E RICORDI

Luna ,
stasera col tuo bagliore si
affacciano i ricordi. Non di
carezze … ma
cicatrici … bugie … di
una giovane età
incatenata
da norme senza senso.
Nella penombra,
persone amiche
mi vengono incontro.
Ci sono falsi amici,
hanno un lezzo di grasso
sporco e vecchio …
e delle lacrime che hanno seminato.
Con la forza
del vento che sferzava
i miei giovani anni,
fugge sperduto come fumo
il tempo privo d'amore
che avrei voluto
aver dimenticato …
illuminato dal tuo bagliore.

LUNA

T'immagino
complice
curiosa ...
Mi chiedo:
perché sei arrossita?
Da sempre spii
ogni innamorato,
sospiri, corpi nudi ...
vestiti di stelle.

Leggi ciò che scrivo,
anche la carta bianca
è diventata rossa
mi hai detto:
no....
non lo devi dire ...

Da sempre accogli
l'amore
dell'universo intero.
Per timidezza,
sei diventata rossa!

Poi…
ti sei tuffata in acqua.
sei ricomparsa in cielo
inargentata,
lasciando che i segreti gli
custodisca il mare.

Da stanotte
ogni poeta vedendoti,
scriverà le parole
che vorresti dire,
e suggerisci
a chi si innamora.

LUNA DIVERSA

Una sola luna?
Eppure quanto sei diversa!
dipende dagli occhi
di chi guarda,
se sorridono d'amore o
sono tristi.
Passa una nuvola,
come una veletta
nei suoi occhi,
rende lo sguardo
misterioso..
ma tu, luna, sai …

Se una stella è vicina
dicono che porti fortuna,
la mia fortuna
è che tu vivi!
Dopo la notte l'alba
mi desterà dal sonno,
forse potrò vederti!

LA REALTÀ

Potessi svegliarmi!
Avvolta nei colori
dell'aurora…
Sogni colorati
abbelliscono uno
specchio opaco,
dove vedo qualcosa
Che non sono…

Tu vedi la ruvidezza
della sabbia
Che copre le rughe.
Non c'è
acqua di mare che le tolga.

Sei lo specchio
Dove tutto traspare!
Come un' onda
quando arriva su uno scoglio.
La spuma l'abbellisce
poi la mette a nudo,
vedi Tutto ciò che c'era.

Mi guardi
come fossi uno
specchio antico,
a cui manca l'argento.

Guardami col vetro
dei tuoi occhi
ciò che vedrai sarà
l'abito di seta che
riveste i sogni
la polvere diventata cipria
che non toglierai.

L'ULTIMO RESPIRO

Hai tolto il dolore
dal mio cuore,
asciugato le lacrime
dagli occhi,
con una carezza,
mi hai regalato
una rosa senza spine.

Tra le tue braccia,
rivestita dal tuo amore,
ho usato le tue labbra
come scrigno, le ho
sigillate con la
parola amore.

Poi l'ultimo abbraccio
e sei volato via ...

L'ESPERIENZA…

Nella grotta di S. Giovanni,
esiste un ramo, si chiama:
Su Stampu De Pireddu,
luogo terribile.
Per capire quanto è profondo,
si tira un sasso,
prima di sentire il tonfo
passa tempo!

Chi si è avventurato
al suo interno è morto!

Ieri, il desiderio di prendere
un sasso togliendolo dal cuore,
ho provato a gettarlo
nel pozzo che non conoscevo,
ma l'impressione
è stata
che io fossi il sasso . l'ho
riposto nel cuore,
ma quanta amarezza!
sinceramente le mie ossa
desidero seppellirle altrove.

La fiducia era sincera,
chi non è nato malizioso
alcune cose non le pensa!

IL GRANELLO

Sono un granello
che in una conchiglia
si andò a rifugiare,
trasformato pian piano
in una perla,
cullata a lungo
in fondo al mare.

Nelle tue mani
sono capitata, mi
hai riposto
in uno scrigno,
ora vivo circondata,
da brillanti zaffiri e
un rubino.

Ma io sono quel granello,
l'unica cosa
che riesco a ricordare,
è una dolce melodia,
che sentivo una volta
in fondo al mare.

PERCHE'…

Avresti voluto
morirgli tra le braccia,
addormentarti
sopra il suo respiro
dirgli che l'amavi …

Che non avresti
mai desiderato niente
più di quanto
nessuno possa dire.
Non puoi
prendere in mano
la tua vita
l'amore esplode
dentro e in fondo al cuore.

Hai deciso solo di sognare
e quando la pensi
socchiudi gli occhi …
E il pensiero vola
alla ricerca di ciò che
non vuoi avere,

I MIEI ANNI

Penso alle sfide del tempo,
all'inverno, al sole d'agosto, al
vento che arriva dal mare,
le querce . . .
dove greggi e pastori
riposano all' ombra.

Al mio corpo,
come un albero
a cui mancano i rami.

Non sarà baciato
dal furore del vento.

Il tempo, come un nemico,
mi ha circondata ,
dove intorno
ho cresciuto i miei figli,
a cui raccontavo
le storie ,
ascoltando il canto del mare, e il
vento che sposa le foglie,
un vento di pace,
un messaggio d'amore
che il tempo non può portar via.

GRAZIE

L'amicizia è come il fuoco,
genera calore.

In ogni luogo,
in ogni stagione ,
è necessario
come l'acqua,
come l' aria,
non meno importante del pane.

Così, i miei amici,
leggono le mie poesie,
riscaldano il mio cuore con
la loro fiamma.
Grazie

GOCCE DI RUGIADA

Penombra
tieni compagnia alla
mente.
Un pianoforte suona
GOCCE DI RUGIADA e
apre la porta ai sogni.

Gocce che dalla mano
son volate via,
tintinnio posato
su una rosa,
sbocciata con le luci
dell'alba.

Una goccia fugge via,
solco d'amore sulla
pelle.

GIORNI LONTANI

Ricordi in bianco e nero
giorni lontani.

Il caldo era bello,
al mattino
la borsa col pranzo.
L' antipasto
lo prendevo in mare:
patelle, piccole arselle
tolte dalla roccia,
che gusto!

Tenuto con due canne
un lenzuolo bianco
faceva da casotto.
Dentro l'acqua,
dal mattino
sino al tramonto,
poi mettevo a letto il sole.

Nonna rideva …
guardava i miei occhi
verde-cupo,

l'unica cosa chiara
Il resto
tutta nera!
Parevo un' abissina.

Ero quasi bella.

GIOIOSA GUARDIA

Non sono più salita
in cima al colle
tra i ruderi di mura pisane,
dove vidi un aquila in volo,
col sole che inondava il
monte di colori. Passa
ogni cosa,
ma non l'incanto
del profumo del cisto,
e la sorgente, Su
Cannoni,
dove le sue falde
profumano di ciclamini.

Nel silenzio l'amabile canto

degli uccelli

che

addolcivano la mente.

Con gli anni,

anche le cose allegre

dei ricordi,

lasciano l'amarezza

dei giorni che non torneranno.

FREME IL CUORE

Luna,
portami lontano
dal punto
dove penso di essere.
Cammino confusa,
il cuore freme,
mi suggerisce poesie
pensando siano sue.

Il canto del cuore
muore nel pozzo
della consolazione,
dove non posso
attingere l'acqua
che possa dissetarmi.

FARFALLA AL MARE

Che cosa cercavi In
quella sabbia?
Forse ti ha portata il vento,
in un giorno ventoso e
assolato.

Maestrale tremendo,
per fermarti non
bastano
le tue fragili ali.

Penso al giardino da
dove sei partita,
magari
ti ha incuriosita il mare,
che per un poco
hai abbellito
con i tuoi colori.

Le farfalle
devono volare,
I fiori che crescono
sulla sabbia
hanno le spine.

È arrivata un' onda,
ha cancellato i tuoi colori…

Spero che un bimbo
sepolto nel suo ventre
sorrida
vedendoti volare.

DORME LO SCIALLE

Dorme lo scialle
con la tua camicia profumata di ginepro.
Copriva le mie spalle,
durante
le brevi passeggiate al mare,
quando il vento ci portava il pianto delle foglie.

Conosce i miei segreti, lo scialle,
la tua tristezza,
le mie domande strane …
quando avevo bisogno di
un sorriso.

Mi ricorda il tuo silenzio,
quando chinavi il capo,
se da lontano giungeva un rintocco di campane
che annunciavano l'Ave Maria.

DISTESA MUTA

Cadrà la neve silenziosa ,
spegnendo ogni colore.

Come un pittore
ricoprirò di rosa
questa breve vita.

Un suono di campane ,
che il cuore ascolta
in modo solenne,
come declamasse una poesia.

la mia anima,
sferzata da ogni vento,
aspetterà che il cielo
apra le sue porte,
sarà l'attimo che non potrò
più
sognare.

COME UNA SENTINELLA

Nelle serate solitarie
un po' noiose è un
conforto
vederti maestosa
dinanzi al davanzale,
come una superba
sentinella.

Mi ispiri parole
che rendono
l' anima leggera, poi
le rubi.

Tornerà
la primavera
piena di colori,
sveglierà ogni fiore
che si è addormentato,
e a ogni innamorato che
sia bianco o moro
suggerirai parole
… quelle che hai rubato.

COME UNA BAMBINA

Nonna dai capelli bianchi
sembri una bimba
che muove i primi passi,
tenuta per mano,
sei bella.

A pensarci
la tua mano grinzosa
la stessa
del giorno che se nata.

Rughe che non sono rughe,
come un quaderno
di quinta elementare,
righe non rughe,
dove hai scritto cose
di vita vissuta con amore.

Sorriso dolce
vestito sbarazzino,
scarmigliata
al punto giusto,
capelli bianchi come seta,

sembrano tinti dalla luna.

Al mercato,
hai comprato
un vasetto di basilico,
non per condirci il sugo:
lo accarezzi,
per sentire il profumo.

Non è Dior,
ma ti fa sognare.

BURKINA FASO=
PATRIA DI UOMINI LIBERI!

Ho visto bimbi,
per vivere
raccolgono pietre,
a corbule e canestri, con
le loro mamme.

Uomini liberi …

Con un po' d'acqua
la polvere li ricopriva.

Vita breve, circa 40 anni.

Di lingua francese ,
italiano e inglese
quanti padroni devono servire!

Ho sentito dolore
al vederli …
al doverne parlarne…

Manine ormai senza colore
bambole svestite.

Ho sentito una voce
diceva a un uomo:
"Prego,ti devi vestire,
qui ci sono le signore!"

UOMO LIBERO,
forse pensi al barcone
con cui fuggirai,
da un inferno
che non hai voluto.

Uomo bianco, dimmi,
Questa è la tua civiltà?

AMORE?

Amore
diversamente amore
mi chiami
parliamo
mi lusinghi
mi accarezzi
mi pensi
quando ti alzi
quando vai a dormire.

Ogni pensiero
lo regali al vento
perché lo possa baciare.

Bruci più del sole
sollevi lo sguardo per
vedere il cielo,
il suo colore
la luna con le stelle …

Senti un brivido,
qualcosa che
riscalda il cuore,

allora …
mi chiami.

Certo
forse
non è amore
eppure …
ho qualche
sospetto!!!

AYAT AL GORMEZY, UCCISA A 20 ANNI!

Tu avevi scelto! Non
ci saranno
Sferzate
né di ferro né di fuoco.

Né la morte.

Chi è libero
è spregiudicato, se la
libertà vive
nella mente!

Né torturatori
stupratori e aguzzini,
se la libertà è una scelta!

Non ci sono limiti
né al chiuso né all' aperto.

Tu avevi usato la poesia per
gridarla al mondo, la forma
più gentile.

La libertà,
tutto partorisce, ti
chiedo perdono
perché non ti ero
accanto.

Chi ti ha ammazzato ,
la parola :LIBERTA'
l'avrà scritta nella mente
tu l'hai segnata col
tuo sangue.

ANNETTA PINNA
(la mia maestra di prima elementare)

Giorni invernall
a Silì , frazione di Oristano.

Venivi a piedi,
non esistevano mezzi,
solo la bicicletta sgangherata
di un alunno …

Vestita di nero,
ricordo triste per un figlio,
ti andavamo incontro,
nella salita della Maddalena.

Prima di entrare in classe,
che impropriamente
chiamavamo scuola,
eravamo nel 47…

lo facevi Tu per prima, per
paura che crollasse!
Era una vecchia stanza,
con dei banchi, luridi, di legno ,

gli stessi dove erano stati i nostri nonni.

Con espressione dolce dicevi,
- era un invito -
"Vi prego, cercate di esser buoni." E
la lezione poteva cominciare.

Annettina Pinna ,
questo era il tuo nome,
eri maestra ma anche nonna!
Più che alunni, avevi tanti nipotini.

Un giorno ti ho portato una tinca
babbo l'aveva presa nel Tirso,
ancora non si vendevano
i pesciolini rossi …

Abiti nei miei ricordi,
uno dei più belli.

Sei stata tu, la mia maestra,
la nonna ,l'amica coi capelli bianchi, la
mia maestra di prima elementare.
Grazie … quanto ti devo!!!

AL TRAMONTO

Continui a spiarmi,
accanto a un rifugio,
aspetti
siano finiti i miei anni.

Gigante,
t' han chiamato,
la tua porta piccina
non discrimina né giovani né vecchi,
accogli la vita
che mai fu mia .

Quanta pazienza e costanza
e dal cielo
dopo il tramonto
tu guardi e allunghi la mano.

Pianeta opaco e lontano che
rubi la luce del sole
inondi l'uomo di belle parole che
fuggono dalla mano.

Se il cuore , trafitto d' amore
disperato ti osserva,

e non basta il tuo freddo bagliore
per essere accolto ed amato,
ma solo spiato
come chi deve fuggire.

CAGLIARI

Nel silenzio di un'alba
Variopinta,
la brina sui bastioni
adorna i fiori,
e rende armoniosa
la mia vita.

Tempo di vendemmia,
grappoli di Nuragus
da trasformare in vini
riempiono le cantine,
e a Monte Claro
i cigni aspettano i poeti
che la sera prima
declamavano poesie.

Sorgi su sette colli come Roma, ma
tu t'affacci sul mare.
Torri pisane come sentinelle,
i fenicotteri che volano
tra Santa Igia e Bella Rosa Minore.

Adorni la Marina
quando un antico veliero

attracca al molo.

Ma la felicità più bella
è il ritorno
dei figli che hai visto emigrare.

TERRA

Nel giardino
dov'era
un bel ginepro,
ho posato le mie mani.
Terra pura e
sorprendente,
germini pensieri
che nutrono il cuore,
dai vita
e sepoltura,
da cui non fuggirai.

Mi avvolgerai
come fuoco
senza fiamma
mi trasformerai
in cenere
per poter fiorire.

NON CHIEDERO' NULLA

Se mi ritrovassi nel deserto
sconfitta,
non chiederei nulla ...
neanche una carezza al vento.

lascerei che a piangere
fossero le nuvole,
e l' oscurità nel cuore
diventerebbe azzurra.

Le mie rose
continuerebbero a fiorire
in compagnia di volteggi di farfalle,
so che ci sei...
continuerei ad aspettarti!

Non trasformerei
i giorni che mi restano,
in acqua che fugge
in mille lacrime d' argento.

la musica di un pianoforte
tesserebbe a fili d'oro
le mie ultime speranze.

Anche il deserto
potrebbe rifiorire.

NASCONDERSI

Chi ti ama
non può chiamarti amore,
voli libero
senza reti ne barriere,
libero dal nulla.

Ricordi
I petali che ornavano
una rosa,
che il vento trasporta
dove vuole,
petali resi aridi dal vento
senza perdere profumo né
colore.

Anche tu ti fermerai
vedrai il nido,
lo stesso che vedevi,
quando libero volavi,
ora vorresti tornare
da chi ti amava,
senza possederti.

I petali …
 il vento li ha portati via.

VILLAMASSARGIA

La mia
rude fierezza
come un albero cresciuto
nel bosco tra antiche querce,
fatta di minatori
pieni di vigore,
e pastori con il loro gregge.

Paese d'artisti
e di scrittori
di donne famose
per tessere la lana,
era una vita grama ma
piena d' amore.

Al tramonto
si ringraziava il cielo,
dalle finestre aperte
entrava il suono di campane,
sotto un cielo turchese
come una ninna nanna
augurava
la buonanotte.

Grazie per aver comprato questo libretto fatto col cuore.

Anna Maria

www.ingramcontent.com/pod-product-compliance
Ingram Content Group UK Ltd.
Pitfield, Milton Keynes, MK11 3LW, UK
UKHW041915190726
13854UKWH00003B/1265

9 781291 123463